PHOTOBOO
COP

MODRIĆ
10
Emirates
FLY BETTER

WINNERS
EFA CHAMPIONS LEAGUE 2021/2022

Emirates
FLY BETTER

Emirates
FLY BETTER
Realmadrid

Emirates
FLY BETTER
12
Emirates
FLY BETTER

CAMPEONES
¡HALA MADRID!

2021/2022
35
35
MARCELO
12
VINI JR.
20

Real Madrid
Real Madrid
Real Madrid
EUROPÉENS
EUROPÉENS
EUROPÉENS

adidas
Emirates
adidas
Emirates
FLY BETTER

FOUNDATION
BETTER

Emirates
FLY BETTER

HELSINKI 2022

Emirates
FLY BETTER
adidas
LaLiga
23
9

SOCCER CHAMPIONS TOUR 22
SOCCER CHAMPIONS TOUR 22
Realmadrid

Emirates

Emirates
adidas
LaLiga
BENZEMA
KROOS

12
33

Madrid

BENZEMA
VINI JR.
20
adidas

FOUNDATION

adidas

Emirates
FLY BETTER
Emirates
FLY BETTER
RMCF

Emirates
Jeep
RMCF

VINI JR.
20
2

Emirates
FLY BETTER
HAZARD
7
20
10
adidas
RMCF

14

VINI JR.
20

Emirates
FLY BETTER
Emirates
FLY BETTER

adidas
Emirates
FLY BETTER
adidas

Emirates
FLY BETTER

WINNERS
UEFA SUPER CUP 2022

Printed in Great Britain
by Amazon

33225840R00025